Cómo Mejorar Tu Historial Crediticio:

Estrategias Probadas Para Reparar Tu Historial Crediticio, Cómo Incrementarlo y Superar La Deuda de Tarjeta de Crédito

Volumen 1

Por

Income Mastery

La información en las siguientes páginas se considera, en términos generales, como una descripción veraz y precisa de los hechos y, como tal, cualquier falta de atención, uso o mal uso de la información en cuestión por parte del lector hará que las acciones resultantes sean únicamente de su competencia. No hay escenarios en los que el editor o el autor de este libro puedan ser considerados responsables de cualquier dificultad o daño que pueda ocurrirles después de realizar la información aquí expuesta.

Además, la información en las siguientes páginas está destinada únicamente a fines informativos y, por lo tanto, debe considerarse como universal. Como corresponde a su naturaleza, se presenta sin garantía con respecto a su validez prolongada o calidad provisional. Las marcas comerciales que se mencionan se realizan sin consentimiento por escrito y de ninguna manera pueden considerarse como auspicios de la misma.

Tablas de Contenido

Introducción

El siguiente libro se escribe con el objetivo de proporcionar información lo más precisa y confiable posible. En cualquier caso, la compra de este libro toma en cuenta que, tanto el editor como el autor, no son expertos en los temas tratados y que las recomendaciones o sugerencias que se hacen aquí son sólo para fines de entretenimiento. Profesionales deben ser consultados según sea necesario antes de emprender cualquiera de las acciones aquí mencionadas.

Esta declaración se considera justa y válida tanto por la American Bar Association como por el Comité de la Asociación de Editores y se considera legal en todos los Estados Unidos.

Además, la transmisión, duplicación o reproducción de cualquiera de los siguientes trabajos, incluida la información específica, se considerará un acto ilegal independientemente de si se realiza de forma electrónica o impresa. Esto se extiende a la creación de una copia secundaria o terciaria del trabajo o una copia grabada y solo se permite con el debido consentimiento expreso por escrito del autor. Todos los derechos adicionales reservados.

La información en las siguientes páginas se considera, en términos generales, como una descripción veraz y precisa de los hechos y, como tal, cualquier falta de atención, uso o mal uso de la información en cuestión por parte del lector hará que las acciones resultantes sean únicamente de su competencia. No hay escenarios en los que el editor o el autor de este libro puedan ser considerados responsables de cualquier dificultad o daño que pueda ocurrir después de realizar la información aquí expuesta.

Además, la información en las siguientes páginas está destinada únicamente a fines informativos y, por lo tanto, debe considerarse como universal. Como corresponde a su naturaleza, se presenta sin garantía con respecto a su validez prolongada o calidad provisional. Las marcas comerciales que se mencionan se realizan sin consentimiento por escrito y de ninguna manera pueden considerarse como auspicios de la misma.

Capítulo 1: Historial crediticio

Realmente pocos conocemos todos los pormenores que implican acudir a una agencia bancaria y solicitar una tarjeta de crédito, pues definitivamente ese denominado historial crediticio será una de tus mejores cartas de presentación o por el contrario representará el gran obstáculo entre tus proyectos y tus finanzas. Es por esto que dedicamos un espacio para explicarte ¿Qué es el historial crediticio? Es la investigación que hacen todas las entidades financieras antes de otorgar un crédito. Esta investigación previa se basa en el historial de pago y comportamiento del solicitante tanto como la persona natural o jurídica que lo está requiriendo.

De igual forma debemos conocer el término morosidad el cual implica el conjunto de créditos vencidos, y son considerados créditos vencidos cuando llegada la fecha de pago de las cuotas, estas no son canceladas o cuando sólo amortizan una parte del monto establecido como cuota.

Es decir, en tu historial crediticio se verá reflejado tanto el crédito positivo que son los pagos efectuados de forma oportuna, como también la morosidad, todo esto según el manejo que le otorgues a tus finanzas y la conducción que le des a tus créditos. Para el otorgamiento o el consentimiento de créditos se ha desarrollado un método denominado en muchos estudios económicos como las 5 C's, que no son más que cinco condiciones simples y básicas, que sirven para el análisis del nivel de otorgamiento que puede o no tener el solicitante y dependiendo de estas condiciones podrá optar a la otorgación de un crédito por primera vez o a un nuevo crédito.

Estas 5 C´s corresponde a las iniciales de cinco conceptos manejados en el ámbito de las finanzas y de la economía, es de carácter cualitativo analizar individualmente a cada cliente buscando determinar el riesgo crediticio en base a cinco factores las cuales son de carácter o compromiso, capacidad, capital, colateral y condiciones. A continuación te explicaremos de la forma más sencilla posible:

CARÁCTER

Este carácter o compromiso tiene que ver directamente con el cumplimiento de las obligaciones de crédito que se han adquirido a lo largo de nuestra vida en diferentes esferas, por ejemplo en locales comerciales para la compra de cualquier artefacto eléctrico o mobiliario. La mejor manera de medir el carácter es con base en el historial de pagos del solicitante, es decir será proporcional con el cumplimiento oportuno y con el lapso previsto del artículo que has adquirido.

En lo que respecta a carácter, se analiza la honestidad, moralidad e integridad del cliente en el cumplimiento de sus compromisos y obligaciones propias y con terceros, qué tan apto eres a la hora de cancelar tus bienes como cliente. Es el aspecto más importante del modelo, porque permite aproximarse a determinar el grado de responsabilidad y credibilidad del cliente en cuanto a sus pagos.

CAPACIDAD.

Definimos capacidad como la cantidad de servicio que puede ser obtenida en una determinada unidad productiva durante un cierto período de tiempo. Consideramos la capacidad como una decisión a medio o largo plazo, es decir, al menos no se modificará en los próximos dos años. En pocas palabras determina la diversidad de asistencia o usos de servicios que requieras para el mantenimiento tanto personal o si es referido a tu empresa.

Cuando se analiza la capacidad, se busca determinar si el cliente tiene fuentes de ingresos que le permitan cubrir la totalidad de sus costos y gastos, incluidos sus compromisos financieros y económicos con bancos y proveedores o acreedores. Generalmente se mide este factor recurriendo al análisis de los flujos de caja históricos y estimaciones de flujos de caja proyectados. Este factor es determinante para tomar la decisión de aprobar o no el crédito, ya que solo se les puede otorgar un crédito a los clientes que demuestran que lo pueden pagar, es decir, que presentan solvencia económica.

CAPITAL

El capital es la cantidad de recursos, bienes y valores disponibles para satisfacer una necesidad o llevar a cabo una actividad definida y que generan un beneficio económico o ganancia para ti o tus socios y accionistas en el caso de tener una empresa en economía se define al capital como un elemento de la producción que tengas. También podemos decir que el capital es la valoración nominal de las participaciones emitidas por una empresa y suscritas por los socios. De acuerdo con el porcentaje de participación en la empresa, tú puedes definir el peso específico político y económico de tu capital al igual que el de la empresa.

En tal sentido el factor capital del cliente, busca determinar la posición financiera, la relación entre sus bienes propios y los pasivos contraídos, para conocer la capacidad que tienen para contraer nuevas deudas y soportar pérdidas, esto no solo aplica cuando eres dueño de un negocio sino en tus finanzas personales.

COLLATERAL

Expresado como garantías se refiere a tus bienes y posesiones que debes tener en calidad de solicitante de un crédito, y esta garantía debe ser valorada por el mismo costo que está pidiendo en el crédito. La garantía que puede enajenarse o embargarse en caso de falta de pago es decir que la entidad financiera queda en potestad de vender tu propiedad o simplemente quedarse con ella para cubrir así el monto de la deuda adquirida a través del crédito otorgado. El valor de la garantía depende del costo de enajenación y del posible valor de reventa.

En tal sentido, el colateral, está referido a evaluar los activos que se tomarán como garantía del crédito. Los bancos toman los activos del cliente, principalmente para constituir garantías preferidas o reales, como respaldo del compromiso y cumplimiento de pago del crédito.

CONDICIONES

Las condiciones económicas generales de tus posesiones y bienes personales como los de tu empresa van a repercutir directamente afectando o respaldando la decisión de otorgamiento de crédito. Por otra parte también las condiciones económicas externas a ti o a tu negocio como una mejoría o un deterioro de las condiciones económicas generales en cuanto a la estabilidad financiera del país, los niveles de inflación pueden hacer que cambien las tasas de interés o el riesgo de otorgar crédito. Asimismo, las condiciones de una industria en particular pueden afectar la rentabilidad de otorgar crédito a una compañía en este tipo de industria, esto dependerá del tipo de emprendimiento que tengas, no aplica en todas necesariamente.

En cuanto a las condiciones, se busca determinar los aspectos externos que influyen en el uso y retorno del crédito. Situación en la que se encuentra la economía, el entorno político, social, el sector en el que opera el cliente, el nivel de competencia, etc. Este método es sumamente subjetivo, pues no analiza la posición estratégica ni los ratios que proporciona la información contable financiera del cliente. Al igual que el método anterior no se puede aplicar a los empresarios o microempresarios no se dispone de información financiera y si sus activos en la gran mayoría de los casos no están saneados.

Ahora bien, del desarrollo de tus 5 C's, se formulará el juicio acerca de tu calidad crediticia, es por todo lo antes señalado que es importante conocer y contar con un positivo historial crediticio a la par del manejo adecuado de estos recursos con una planificación apropiada y viable, sobre todo en la medida que te debas a tu fuerza laboral lo que será siempre una motivación para cumplir tu rol con mayor responsabilidad, y de este modo optimizando aquellos recursos financieros de una manera sustentable y que arroje los mejores resultados. Por tanto, la buena administración de tus recursos, el cumplimiento de las responsabilidades crediticias adquiridas sumado a un adecuado análisis del riesgo crediticio puede compaginar a tu favor para obtener los recursos con los que requieren disponer ante una entidad financiera con el fin de lograr resultados óptimos con tu tarjeta de crédito.

Por otro lado, no está demás conocer la posición de análisis de la agencia financiera o bancaria para la otorgación de créditos, esta posición de análisis hace referencia al proceso de crédito denominado 5 P´s. El proceso de crédito 5 P´s es una sutil aproximación para resolver los hechos, dar opiniones responsables y sortear factores pocos claros, en un proceso de evaluación de riesgo: crediticio, a fin de llegar a una decisión de otorgamiento.

Por tanto las 5P´s es un proceso que se caracteriza por una secuencia de pasos o por estar compuesto por varios elementos, en este caso son: personal, propósito, pago, protección y perspectiva. Es importante tener un conocimiento claro sobre esto para sacarle el mayor provecho. A continuación te daremos a conocer algunas de las características claves de las 5P´s:

PERSONAL

Esta se considera bajo dos perspectivas simples: la primera que es si los solicitantes son responsables y exitosos y si tratan a sus banqueros y acreedores en forma equitativa e igualitaria. La información sobre el prestatario, en este caso eres tú, debe tener tres características: Completa (elemento humano), Veraz (Comentar investigación), Actualizada (información contable). En pocas palabras, el personal que debe tomarse en cuenta son de dos enfoques: los del personal que realizan el análisis e investigación acerca del solicitante y la del solicitante en sí, es por esto que toda la información de las partes involucradas debe ser verdadera, completa, legal y actualizada.

PROPÓSITO

Es necesario tener la constancia del destino del crédito, es decir a donde está dirigido o destinado el dinero. Es básico para poder establecer su plan de pago, es decir, la forma en que se amortizará, el plazo de reembolso y la tasa de interés.

Sirve para que el prestamista observe el grado de riesgo ya que pueden ser altos o bajos. Los propósitos del crédito pueden estar dirigidos tanto a personas naturales como a empresa e industrias en general.

PAGO

El pago es una derivación del propósito y como tal debe ser apropiado para el tomador y también para el acreedor dentro del plazo normal del préstamo. Se debe analizar la fuente y tiempo de repago y estar convencido de que la probabilidad de repago sea alta. Deberá conocerse su Cash Flow o también conocido como el flujo de dinero y también cuándo sus negocios se contraerán o se expandirán dependiendo de la visión y probabilidad que tiene en un futuro.

El pago se considera una de las partes más importantes e imprescindibles al concretar un crédito de cualquier tipo, puesto que debe existir un acuerdo entre todas las partes, es decir la entidad financiera y el solicitante del crédito. Existen condiciones de pago que determinan las cantidades y el tiempo preciso de pago. Además es de relevancia fundamental investigar la capacidad del solicitante, es decir la capacidad que adquieres por tus ingresos al cancelar tus deudas.

PROTECCIÓN

Un préstamo debidamente estructurado incluye una alternativa, tener una protección o segunda salida en caso de que la fuente de pago primaria falle. La protección puede ser:

Interna: donde el prestamista mira exclusivamente al tomador.

Externa: cuando un tercero asuma su responsabilidad crediticia a la del tomador.

El colateral se analiza desde el punto de vista de la liquidez, que no es más que la facilidad de un bien para transformarse en dinero.

PERSPECTIVA

Se entiende en el sentido que puede tener el crédito desde el análisis básico hasta asumir el riesgo y ganar la recompensa que enmarcan los *negocios.* Las principales alternativas a la perspectiva de no aceptar el riesgo son: Evitar y/o cubrir los riesgos, existen instrumentos apropiados como los Swaps, operaciones a término (Forward), además de la diversificación de la cartera. Reducir el riesgo o prevenir pérdidas y adaptar diversas acciones o prevenciones.

Algunos de los factores más importantes que se toman en cuenta con mayor frecuencia para el cálculo de la calificación crediticia que posees suelen ser los siguientes:

- El Historial de pagos: es una descripción fiel de todos los pagos sin excepción, esto incluye los pagos atrasados, las cuentas en las que haya un registro de pagos atrasados y las acciones judiciales negativas, como la bancarrota. Todo esto conforma el 35 % de tu calificación y son todos los movimientos que hayas realizado con el flujo de tu dinero.
- Cuentas por pagar: esto incluye los tipos de cuentas, los saldos, la deuda total, la proporción entre la deuda y el crédito

disponible, y el porcentaje de la deuda restante en cuotas, es decir, toda la responsabilidad de pago que tienes al momento. Esto conforma el 30 % de tu calificación.

- Antigüedad del historial crediticio: esto toma en cuenta la antigüedad de tus cuentas de crédito (desde la transacción más antigua hasta la más reciente que hayas realizado), la antigüedad promedio de todas tus cuentas de crédito y la frecuencia de uso de cada una de ellas. Esto conforma el 15 % de tu calificación.
- Tipos de crédito: esto abarca las instituciones financieras o bancarias de las cuales hayas recibido créditos y las fechas en las que los hayas recibido, así como toda la información pertinente de la misma y conforma el 10 % de tu calificación.
- Créditos nuevos: haber solicitado varios créditos afecta negativamente a tu calificación crediticia a menos que todas las solicitudes se hayan realizado recientemente, es decir, en el espacio de 30 días. Esto conforma el 10 % de tu calificación.

Capítulo 2: ¿Que conocemos como Riesgo Crediticio?

El riesgo crediticio es la probabilidad de que la contraparte, es decir, tú como deudor, puedes tener una figura de carácter de persona natural o jurídica, al no cumplir con tus obligaciones en los términos acordados; es decir, el riesgo de que un deudor no cancele a la institución financiera (IFI) los pagos mensuales o el préstamo concedido en la fecha pactada.

Podemos manifestar que el riesgo del crédito no se limita a la función de préstamo adquirido a través de las tarjetas de crédito, sino que abarca otras funciones que ejecuta una entidad financiera, incluyendo la ampliación de los compromisos y garantías, aceptaciones bancarias, préstamos interbancarios, operaciones con divisas, entre otras opciones, por ende el incumplimiento de pagos a tu tarjeta de crédito afectará de forma directa a todas las operaciones o requerimientos. En pocas palabras la falta de pagos a tus compromisos financieros bien sea a tu tarjeta de crédito, pagos acreedores comerciales y acreedores cooperativos o cualquier otra forma de préstamo legal, repercutirá en tu solvencia crediticia.

Por tanto la falta de solvencia crediticia no solo afectará la posibilidad de obtener cualquier otro servicio bancario, también cualquier transacción bancaria se verá afectada. Al no poseer la capacidad de pago requerida será deducida de tus movimientos bancarios bien sea de pagos de nóminas o depósitos de terceros, y por último hasta repercutirá en que puedas conservar tus bienes y posesiones.

Es por lo antes señalado que la mejor manera de evitar una pérdida de tu capital o de tus bienes es conocer los riesgos que corres al momento de gestionar cualquier tipo de préstamo hasta en el empleo de tu tarjeta de crédito, ya que a través de esta se visualizan las posibilidades de pago a futuro que debes cumplir, a esto se le conoce como riesgo crediticio. Un buen análisis al riesgo crediticio comprende la planificación, organización, dirección y control.

La capacidad de pago que tengas tú como cliente, se juzga mediante un análisis de los flujos de ingresos esperados durante el período del préstamo y de la capacidad del deudor para cubrir sus futuras necesidades financieras. Estos factores pueden ser afectados, tanto por el entorno económico como por el m entorno del cliente.

En tal sentido podemos decir que la evaluación crediticia tiene un alto grado de relación negativa con el nivel de riesgo crediticio, ya que mientras mejor se evalúe el crédito, menor son las probabilidades de que el cliente se demore o deje de pagar su crédito.

Consejos que puedes seguir que pueden ayudarte a disminuir tu riesgo crediticio:

- Verifica siempre tu información crediticia después de haber solicitado los informes gratuitos, por lo general puedes solicitar informes crediticios adicionales fácilmente a cualquiera de las principales agencias de información crediticia por una tarifa más cómoda o en algunos casos hasta acceder de forma gratuita a tu información crediticia en la dirección online de la institución financiera de la que formas parte. Tener en orden y conocer toda tu información te brindará una mejor opinión con respecto a tus finanzas.

- Cada una de las cuentas que figuran en tu informe crediticio tienen una clasificación compuesta por una letra y un número que indican además el tipo de cuenta que tienes. Por ejemplo, en los EE.UU., una cuenta clasificada como I1 quiere decir que es una cuenta individual que se paga a tiempo. Si tu cuenta está clasificada como J1, esto quiere decir que es una cuenta común (por la inicial en inglés de "*joint*"). Una cuenta clasificada como I5 puede traerte problemas. Por tanto, prioriza todas las cuentas clasificadas con números mayores a 1 y todo lo que se haya adjudicado a las agencias de cobranza, esto siempre dependerá de dónde te encuentres ya que no todas las agencias presentan los mismos parámetros a la hora de la clasificación.

- Si piensas realizar una compra ya sea una casa o un auto y quieres obtener tarifas mucho más bajas, realiza la búsqueda en un espacio de 30 días para que tus solicitudes de crédito no afecten negativamente a tu calificación crediticia y puedas beneficiarte de esta.

- Debes tener muy presente que si un prestamista se niega a otorgarte un crédito o cambia los términos del acuerdo original que ya hayan pautado, está en la obligación de proporcionarte tu calificación crediticia.

- Si en algún momento disputas algo en tu informe crediticio, la agencia deberá de notificarte por escrito de lo que haya encontrado en su investigación y enviarte una copia gratuita del informe si esto ocasiona que se realice un cambio en el mismo.

- Si adquieres dinero adicional la mejor opción será utilizarlo para saldar primero todas las deudas que tengas con la prioridad de aquellos que tengan los intereses más altos. A esto se le llama el método de la avalancha, mediante el cual cancelas los pagos necesarios para mantener tus cuentas al día y pagas tus cuentas vencidas, empezando por la que tenga el interés más alto con cualquier exceso que haya en tu flujo de caja. A la larga, esto te ahorrará dinero y es la forma más rápida de saldar todas tus deudas y estas no sigan aumentando con el tiempo.

Capítulo 3: ¿Cómo recuperar tu Historial crediticio?... Estrategias infalibles para recuperarte financieramente

Ya en este punto habrás entendido la importancia de contar con un buen historial crediticio para todo lo que desees hacer, ahora bien, ese estado perfecto de las cosas no perduran por siempre, a veces, se presentan situaciones fortuitos que nos obligan a lidiar con emergencias de muchos tipos, médica, climatológicas, accidentes que tendrán una repercusión financiera directa, obligándonos a adquirir deudas más allá de nuestras posibilidades de pago u otras como la pérdida de nuestros trabajos o ingresos, en definitiva, situaciones que nadie quisiera tener pero no somos excepto de que ocurran ni nos conseguimos libres de ellas, no existe una burbuja financiera que nos permita nunca sufrir por algún tipo de estos inconvenientes.

Estas situaciones imprevistas en muchos casos van a alterar nuestra relación con las instituciones financieras bancarias afectando nuestro historial crediticio poniéndonos en una difícil situación con sus oficinas de cobranza, estas situaciones ocasionan que los pagos se retrasen o no se realicen en toda su totalidad. Cuando esto sucede, las personas suelen declararse en bancarrota para poder empezar de cero, pero esto tiene un impacto negativo en sus antecedentes crediticios durante los 7 años siguientes, como mínimo, y a la larga traerá mayores desventajas.

Por tanto, saber cómo arreglar o reparar tu situación crediticia es la mejor alternativa para proporcionar esa tranquilidad emocional que necesitas y la credibilidad financiera que requieres para proseguir con tus sueños, planes y proyectos, a fin de cuentas con tu futuro o planes a corto o mediano plazo. Es por esto que te presentamos algunas estrategias comprobadas que pueden ayudarte para reparar tu plan crediticio:

1. Compromiso: Arreglar tu condición crediticia implica hacer los sacrificios necesarios, eso involucra diferenciar entre las necesidades básicas de las cuales no puedes prescindir y los deseos que debes suprimir o desechar en definitiva. Tu compromiso parte en distinguir de qué puedes prescindir y de que no es necesario. Sabemos que no es fácil, hasta el más corto camino a casa está lleno de tentaciones pero ten en cuenta que la mayor satisfacción será cuando puedas recompensarte con pequeños detalles luego de haber solventado todas tus deudas y adquieras el compromiso con ellas.

2. Comunica: Involucra a las personas de tu mayor confianza, a tus familiares, amigos e incluso compañeros de trabajo que te brinden ayuda, al igual que a todas aquellas personas que puedan verse afectada por tu desliz crediticio. Vas a necesitar de todo el apoyo de tu ámbito social, familiar y patrimonial para direccionar el arreglo de tu crédito y mejorarlo. Más aún si alguno de tus allegados ha contribuido al problema financiero, así sea al ir en su socorro o por la causa que sea. Sé sincero expón tu situación y así obtendrás la colaboración que necesitas para que la solución sea al final más satisfactoria.

3. Planifica: No es fácil elaborar un presupuesto cuando no tienes experiencia y sobre todo a ceñirte a este, pero elaborarlo y tomarlo como un ritmo de vida te ayudará en todos tus planes a futuro. Toma en cuenta que un presupuesto no es más que una proyección detallada de cuáles han sido tus ingresos para así adjudicar qué parte de estos va a ir a tus gastos, en qué proporción puedes implementar un sistema de ahorro y cómo solventar de manera razonable las deudas que permitan recuperar tu credibilidad crediticia para obtener mayores beneficios de esta.

Para esto has de conocer cuál es el monto de tus gastos fijos mensuales es decir el pago de vivienda, servicios públicos y cualquier otro que no puedas excluir para tu supervivencia y de manera razonable no deberían de exceder el 50% de tus ingresos para así contar con un 20% para tus gastos financieros los cuales incluye el pago de préstamos, fondos y amortiguaciones que requieras cancelar. Por último, se debe dirigir un 30% de los ingresos mensuales al pago de los gastos flexibles los cuales consisten en cubrir la requerida alimentación, el combustible y otras compras necesarias como medicinas, por supuesto también se debería de hablar de la recreación y el entretenimiento pero este será un área propicia en tiempo de solvencia económica.

4. Consolida: debes tomar decisiones inmediatas como es el alejarte de las deudas más costosas sin dejar de asumir su pago, por ejemplo en el caso de las tarjetas de crédito, el pago de seguros y las deudas a corto plazo, la mejor forma de superarlas es cancelar lo adeudado lo cual fortalecerá de inmediato tu perfil crediticio. En última instancia puedes acudir a un préstamo o hipoteca para solventar las deudas a corto plazo permitiéndote ocuparte de su pago luego de planificar a conciencia un presupuesto real y ser posible su pago posterior, pero recuerda que cualquier ayuda externa que busques para resolverlo puede resultar negativo, toma las mejores decisiones al hacerlo, no caigas en el círculo vicioso de endeudarte más para saldar deudas viejas que al final solo se convierten en deudas nuevas.

5. Revisa: mantente al día en la revisión de la información emitida por las agencias bancarias o de

tus estados mensuales de tus cuentas crediticias eso te permitirá hacer un seguimiento real de los gastos realizados como a su vez es muy importante darte cuenta de cualquier información incorrecta de una transacción u omisión de algún pago, lo que puede ser negativo a tu favor. Solo la revisión periódica de tus informes te permitirán realizar los reclamos que hayan a lugar, tomando en cuenta que muchos de estos reportes tienen un periodo de no más de 30 días para cualquier reclamo por ende debes contactar al ente emisor de forma inmediata para que se realice la investigación pertinente y rectifiquen su error y no te cause más deudas o estos influya en tus ingresos netos.

6. Solicita: Requieres mantener al día la información crediticia por ende debes solicitar los informes crediticios tanto en las oficinas de agencias de información crediticia, bancaria, financiera así como en centros de compras a cuotas o cooperativas, por lo general tienen la obligación de darte una copia gratuita de tu informe crediticio una vez al año si lo solicitas. Los informes crediticios contienen tu calificación y tu historial crediticios, por lo que las empresas y los prestamistas se basan en ellos para determinar si te otorgarán un crédito o no y cuánto te cobrarán en intereses final.

7. Programa: te será útil programar débitos automáticos a tu cuenta bancaria para los pagos de tu casa y tu auto, los servicios públicos y tus tarjetas

de crédito, lo cual te ayudará a realizarlos a tiempo en caso de que olvides hacerlo. Si esto no es posible, puedes programar recordatorios para tus pagos en el calendario de tu teléfono celular o en algún software que uses para monitorear todos los gastos que tengas en un periodo determinado. Antes de programar los débitos automáticos, asegúrate de coordinarlos con las fechas en las que recibas depósitos a tu cuenta para así encontrarte con un saldo positivo a la hora de los cobros.

8. Cambia: En definitiva un real cambio de hábitos y actitud ante tu realidad financiera te permitirán generar saldos crediticios favorables, si por el contrario continúas realizando más gastos de los que tus ingresos soportan, empeorarás la situación de riesgo de perder tu credibilidad crediticia o peor aún de declararte en quiebra. No te desesperes si te encuentras ante una realidad financiera completamente desfavorable, recuerda que siempre hay subidas y bajadas pero que estas pueden ser recuperables.

9. Rectifica: Todas las deudas pueden negociarse, pero las obligaciones de pago acordadas en un principio no son negociables, estas cambiarán hasta que el acreedor acceda por escrito a los nuevos términos. Antes de acceder a un cambio en los términos del préstamo, asegúrate de saber hasta qué punto puedes endeudarte. Por desgracia, si tienes antecedentes negativos, como morosidades o

bancarrotas, estos afectarán tu calificación crediticia durante años. Pero eso sí, debes estar consciente y claro de tu capacidad de pago real antes de asumir cualquier compromiso, lo cual te ahorrará muchos inconvenientes. No te comprometas a más de lo que realmente puedes.

10. Constancia: encargarse de las deudas vencidas, pese que pagarlas no ayudará a mejorar tu calificación crediticia, ya que lo importante en ese momento es pagar la deuda y salir lo antes posible de ella. Por tanto, pagar tus deudas más antiguas ayuda a evitar que las cobranzas figuren en tu informe crediticio. Por otra parte el asumir responsablemente las deudas adquiridas permiten generar la constancia que se requiere demostrar para un positivo historial crediticio, para esto debes dar prioridad a tus pagos según su antigüedad, su condición y la institución a quien debas responderle. No olvides que todas estas situaciones se verán reflejadas en tu historial crediticio y en tus finanzas netas a la hora de querer hacer cualquier proyecto a futuro.

11. Garantiza: ten en cuenta que algunas instituciones cobran intereses altos si una parte del saldo de la tarjeta de crédito se queda sin pagar (a pesar de que pagas el saldo completo al hacer el depósito inicial, esto es gracias a los intereses de la misma) y también cobran tarifas adicionales. Por tanto, asegúrate de pagar el saldo completo todos los meses. Garantiza siempre tu crédito obteniendo

tarjetas garantizadas. Estas tarjetas son una buena opción si quieres tener una tarjeta de crédito sin tener que preocuparte por gastar de más. Mediante este método, le depositas una cantidad de dinero a un prestamista y este te emite una tarjeta con ese límite de crédito, esto te será útil para no tener más deudas de las que no puedas hacerte responsable por la alta cantidad a cancelar.

Por otra parte, también procura obtener préstamos garantizados, la mayoría de los bancos y uniones de crédito ofrecen este tipo de préstamos, mediante los cuales toman dinero prestado, lo inviertes en una cuenta de ahorros como garantía en la institución prestamista y lo saldas mensualmente por medio de pagos pequeños. Esto ayuda a establecerte un historial crediticio, además, los intereses que se cobran a la cuenta de ahorros suelen ser de 2 a 3 % menos que los que se cobran por el préstamo y tú compensas la diferencia por medio de tus demás fuentes de ingreso, eso sí, toma en cuenta que no debes usar esta cuenta de ahorros para nada más que pagar este préstamo. Si puedes, realiza pagos adicionales usando tus propios ingresos. De esta forma, reducirás el saldo pendiente e incrementarás tus ahorros para cancelar todas tus deudas.

12. Prudencia: Acorde vaya mejorando tu perfil crediticio es inevitable que surjan nuevas oportunidades y ofertas de créditos nuevos. No te confíes de la buena racha que puedas tener en ese

momento, sé prudente y ten cuidado con los créditos altos. Si bien es cierto que tener un crédito alto incrementa tu calificación crediticia y tienes la posibilidad de asumir otro tipo de riesgos si eres emprendedor, pero usarlos con frecuencia la disminuye. Lo ideal que es utilices como máximo del 30 al 15 % de tu disponibilidad de crédito. Por ejemplo, si tu línea total en una tarjeta de crédito es de $20 000, no incurras en un saldo de más de $5000 durante un periodo de tiempo prolongado.

13. Negocia: Dar la cara y ser claro al hablar sobre tus circunstancias no te hace menos deudor pero sí mejor persona y quizás puedas marcar la diferencia a la hora de gestionar nuevos acuerdos de pagos y hasta medios crediticios. Debes saber a quién debes pagar cada una de tus deudas y mantenerte en contacto con ellos. Sé honesto con tus acreedores. Por ejemplo, debes notificarles si sabes que tendrás problemas para pagar una deuda o que uno de tus pagos se atrasará. Lo más probable es que estén dispuestos a llegar a un acuerdo. Las cuentas en las que hayan pagos atrasados de por sí figuran en tu informe crediticio y se verán reflejadas en tu calificación, así que, lo mejor es mantener al día tus cuentas de crédito, ya que esto demuestra que tienes buenas fuentes de crédito más antiguas en lugar de fuentes más recientes. Al pagar tus deudas vencidas, explícale al acreedor que quieres poner al día tus cuentas de crédito y pídele ayuda si es necesario.

Estas son algunas cosas que el acreedor podrá hacer por ti:

- Permitirte pagar el saldo vencido a lo largo de varios meses si realizas los pagos futuros a tiempo.
- Restablecer tu cuenta de forma que los pagos figuren como si estuvieran al día en lugar de vencidos. Para esto, se debe redactar un acuerdo y debes asegurarte de cumplir con los nuevos términos de pago.
- Posiblemente pueda exonerarte de las tarifas o penalidades que se le hayan cobrado a tu cuenta.

14. Comprende: Debes tomarte el tiempo para identificar la información que te suministran los informes crediticios con la finalidad de verificar que estén correctos los compromisos contraídos así como la fidelidad de la información que suministran. Por lo general, en los informes gratuitos anuales no figura tu calificación sino solamente la información que se usa para calcularla. Esta es la información que suele figurar en tu informe crediticio:

- Información de identificación: tu nombre, dirección, número del seguro social o el equivalente en el lugar en donde vivas, fecha de nacimiento e información sobre tu empleo. Esto no se usa para calcular tu calificación, pero de todas formas debes asegurarte de que estos datos estén correctos, ya que, de lo contrario, tus cuentas estarán vinculadas a información errónea.

- Cuentas de crédito: informes de bancos, instituciones financieras y empresas con respecto a las cuentas que tengas con ellos, tu límite de crédito, tu saldo y tu historial de pagos.
- Solicitudes de crédito: información sobre todas las veces que una persona u organización haya solicitado tu informe crediticio en los últimos 2 años cada vez que tú les hayas solicitado un crédito.
- Registros públicos y cobranzas: estos son registros locales sobre tus bancarrotas, anexos, demandas, embargos de sueldos, gravámenes de propiedad y juicios.

Capítulo 4: Tarjeta de crédito

Todos deseamos adquirir una tarjeta de crédito o ya tenemos una en nuestro poder, ¿Pero que es el crédito? ¿A qué llamamos tarjeta de crédito? Por crédito debemos entender que es una operación financiera en la que se pone a nuestra disposición una cantidad de dinero hasta un límite especificado y durante un período de tiempo establecido. Es un derecho presente, a pago a futuro. Crédito es confianza; en negocios, es la confianza dada o tomada a cambio de dinero, bienes o servicios.

En el caso de la denominada tarjeta de crédito esta es emitida por la entidad bancaria de tu preferencia, permitiendo realizar múltiples operaciones en distintos establecimientos que utilicen la marca de la tarjeta. Al obtener una, nos permite agilizar las formas de pago de cualquier tipo de producto que necesitemos o deseemos, puede ser tanto en territorio nacional como internacional siempre y cuando las marcas asociadas a tu tarjeta de crédito sean marcas de pago líderes en el mundo.

Las tarjetas de crédito están hechas de un material plástico muy resistente, además de tener medidas de seguridad que garantizan su validez como lo es la identificación pertinente, la banda magnética e incluso el chip que se incorporó en las tarjetas de forma obligatoria hace unos años como medida prevención en caso de clonación, robo o estafa de la misma.

Las tarjetas de crédito son utilizadas como una opción de pago en muchas ocasiones, pero esta no debería sustituir las formas de pago tradicional como lo es el efectivo, ni mucho menos ser utilizada de forma desenfrenada, ya que a medida que utilizamos la línea de crédito disponible se convertirá en una deuda por pagar, que podrá cobrarse de forma directa o en cuotas, esto según se haya analizado el valor porcentual de la tasa de interés de compras emitidas de acuerdo al tarifario del banco. Es muy importante saber que las tasas de interés de compras son muy distintas a las tasas de interés de retiro de dinero en efectivo, que solo algunas tarjetas suelen tener esta opción.

Se debe estar muy consciente de que las tarjetas de crédito no son extensiones del sueldo ni dinero adicional, son un método de pago que brinda beneficios y como todo instrumento financiero, tiene un costo y una alta responsabilidad que debe ser asumida por el tarjetahabiente. El secreto del éxito es tener clara la capacidad de endeudamiento. Para muchos, el plástico es el inicio de su vida crediticia, por lo que mantener un buen record (hacer uso inteligente de su crédito) es importante para su vida laboral, familiar y financiera.

La mejor forma y la más responsable de utilizar una tarjeta, es teniendo el conocimiento de varios puntos importantes cuando adquieres o planeas tener una:

- Conocer el ciclo de facturación:

  Al realizar una evaluación para adquirir una tarjeta de crédito, el funcionario del banco tiene el deber de preguntarte los días en los cuales tú tienes solvencia económica, es decir, tienes la posibilidad para realizar los pagos correspondientes a la deuda que has acumulado utilizando la tarjeta y de acuerdo a ello asesorarte para conocer qué día será tu fecha de facturación y un aproximado de tus próximas fechas de pago.

- Conocer el tarifario de tu tarjeta de crédito:

  Dependiendo del tipo de tarjeta y categoría que tengas, dependiendo de tu solvencia económica, deberás conocer las tasas de interés tanto anuales, como mensuales. Esto te servirá como guía, para saber si colocarás tu compra de forma directa o en cuotas.

  Es recomendable, no colocar importes bajos o fáciles de pagar en cuotas, ya que por cada cuota se genera un interés mensual, que al final de cuentas el valor del producto adquirido te cuesta el doble. Así mismo, saber que si colocas un producto con el compromiso de pagarlo de forma directa o en una sola cuota, esto quiere decir, sin generar ningún interés. Deberás pagarlo en la fecha pactada, porque de no ser así vas a incurrir en mora, este interés generará intereses diferidos que según el tarifario, pueden ser intereses más elevados que los de la tasa de interés de compras.

- Conocer el monto de penalidad en caso de mora:

  Cuando incumples en la fecha de pago se sumará un interés esto según la entidad bancaria en la que pertenezcas, ya que esto suele ser un porcentaje de la cuota mínima, teniendo un rango del importe mínimo y máximo a cobrar.

- Conocer la membrecía anual a pagar o el importe de consumo mínimo para la exoneración:

  Algunas tarjetas de crédito no cobran membresía anual, pero otras sí, en este caso, se debe conocer con qué importe uno puede evitar pagar la membrecía, que se puede considerar como el pago por utilizar la marca de la tarjeta y sus diversos beneficios que trae consigo, siempre hay que considerar el tipo de plan y servicio son los que necesitas para a la hora de adquirir una tarjeta de crédito se adapte mejor a tu ritmo de vida.

- Conocer el seguro de desgravamen que cobran mensualmente las entidades bancarias de forma obligatoria:

  Esto solo es en caso de fallecimiento o algún accidente o enfermedad que te imposibilite a realizar las funciones básicas o laborales que te permitan poder sustentarte económicamente, es decir, en el momento en que no puedas generar un ingreso para cancelar tus pagos podrá algún familiar directo solicitar información en la entidad bancaria sobre el seguro de desgravamen y cómo ejercerlo, a fin de asumir los gastos de la persona titular de la tarjeta de crédito.

- Llevar un control de los gastos efectuados con la tarjeta de crédito:

  Sirve para ello, tener los estados de cuenta impresos o llevar un control con una hoja de Excel. Si recibes tu EECC por correo electrónico, muchas veces solemos recibir tanta información que no logramos ver el EECC a tiempo, suele ser también la forma más económica, debido a que el envío tiene un costo extra, pero lo que se puede considerar para evitar ello, es tener una fecha prevista para imprimir o realizar el cuadro de Excel. Esto se debe considerar unos 5 días después de tu fecha de facturación, debido a que el día que factures tu tarjeta es el día en el que el banco realizará la recopilación de tus compras en tu EECC y lo precisará en el sistema.

- Sobregiro:

  Tener en cuenta que algunas tarjetas de crédito tienen la opción de poder sobregirarse, para conocer mayor detalle de ello, debes conocer tu línea de crédito disponible y tener un control de tus gastos. El sobregiro puede salvarte en ocasiones cuando no tienes el dinero suficiente para poder comprar algo, pero después en tu EECC podrás ver el cobro de ello y el interés que cobra la entidad.

- No gastes más de lo que ganas:

  A Pesar de que coloques el consumo en cuotas, ya habrás utilizado gran cantidad de tu línea de crédito y en caso de una emergencia no tendrás la solvencia económica para pagar la totalidad facturada en tu tarjeta y la emergencia. Y si la tuvieras, el siguiente mes podría volver a suceder ello y estarías en un círculo de deudas de nunca acabar.

De acuerdo a estos puntos ya expuestos, uno mismo puede tener un orden al comprar un producto con una tarjeta de crédito, sin embargo no solo debemos considerarlo, sino que debemos tener mucho cuidado con el uso de este plástico tan conocido por los estafadores.

Usualmente las principales medidas de seguridad que debes tener son las siguientes:

- Solo el titular de la tarjeta de crédito debe conocer el PIN para retiro de dinero o cuando algún establecimiento se lo solicite.
- No perder de vista tu tarjeta de crédito, ya que basta con saber tus datos completos, fecha de vencimiento de la tarjeta y código de seguridad para poder efectuar una compra en línea en alguna tienda o registrarla en una aplicación.
- Si se te extravía tu tarjeta, es recomendable bloquearla de inmediato, a pesar de ser tan solo una pérdida, una tarjeta de crédito en manos equivocadas puede realizar un sin fin de compras en unos minutos.
- Si visualizas en tu EECC un consumo que no reconoces, debes bloquear tu tarjeta y emitir un reclamo por consumos no reconocidos a la entidad bancaria, según el plazo estimado para un reclamo, ellos

realizarán las verificaciones y te enviarán una notificación o carta de respuesta, dando a conocer el detalle del consumo y respuesta del caso, de no encontrarse conforme con la respuesta emitida por el banco, puedes realizar una apelación.

- Desactivar la opción de compras por internet de tu tarjeta de crédito, esto impide que a pesar de que conozcan terceras personas tus datos e información de tu tarjeta, el mismo sistema del banco impida que se realicen las compras. La única persona autorizada para poder activar esta opción es el titular y con la medidas adecuadas de reconocimiento para efectuarlo.
- Desactivar la opción de compras y uso en el exterior de tu tarjeta de crédito, al igual que el punto anterior esta opción te permitirá tener más seguridad. Se recomienda que si viajas, lo actives con fechas exactas y menciones que se registren los países en los cuales utilizarás la tarjeta.

TIPOS DE TARJETAS DE CRÉDITO

Existen diversos tipos de tarjetas de crédito, comenzando con las marcas de pago líderes en el mundo, como lo son:

- Visa
- Mastercard
- American Express
- Diners Club

Y también de acuerdo a la categoría de tarjeta de crédito que adquieras, según tus ingresos mensuales, las más comunes son:

- Clásica
- Gold
- Platinium
- Signature
- Infinite

Pero a medida que la demanda por estas tarjetas se dio, cada marca líder de pagos creó nuevas versiones de estas categorías de tarjetas, siendo únicas y con características y beneficios diferentes.

Capítulo 5: ¿Cómo obtener una tarjeta de crédito?

Algunas entidades financieras, solicitan como requisito que la persona que desea adquirir una tarjeta de crédito, tenga con ellos una cuenta pasiva, es decir, una cuenta de ahorros, cuenta sueldo o un depósito a plazo fijo. Cabe mencionar que esto no es un requisito, pero ayuda a que la entidad financiera pueda tener un conocimiento previo de tus ingresos y pueda facilitar la adquisición de una tarjeta. Los requisitos para poder obtener una, son dependiendo lo solicitado por el banco, pero a continuación se dará a conocer los más esenciales.

- Tener la mayoría de edad:

  En algunos casos, algunas entidades bancarias, solicitan una edad exacta para adquirir una tarjeta de crédito.

- Tener solvencia económica:

  Se debe demostrar que generas ingresos mensuales y que no sobrepasas tu capacidad de sobreendeudamiento. Puedes adjuntar tus boletas de pago, recibos por honorarios u otros medios que sustenten tu economía. Mientras más años tengan laborando en una empresa, menor es el riesgo para la entidad bancaria, lo que ayuda en la evaluación crediticia.

- Tener un buen historial crediticio:

  Si eres una persona que ha tenido antes una tarjeta de crédito y se ha atrasado en sus pagos por unos 4 a 6 meses, déjame decirte, que no tienes un buen historial crediticio y será muy complicado obtener una tarjeta de crédito, por el riesgo que representa ello. Pero si eres una persona que recién está empezando con la bancarización y obteniendo su primera tarjeta, en hora buena, tienes los consejos adecuados para evitar ser reportado en las centrales de riesgo.

- Tener un Aval:

  Si estás con una mala categoría en la central de riesgos, pero pagaste la totalidad de tu deuda con esa entidad financiera y aún no se actualiza el sistema. Puede que te soliciten un

Aval y tu carta de no adeudo, como garantía del préstamo a dar.

Estos son solo algunos de los requisitos que solicitan las entidades bancarias, sin embargo ya dependerá de la evaluación crediticia que realicen, analizando muchos más puntos.

Capítulo 6: Ventajas y Desventajas de las Tarjetas de Crédito

El uso de tarjetas de crédito se encuentra en constante aumento, pero aún hay muchas personas que están en contra de ellas y otras a las que simplemente una tarjeta de crédito no les despierta interés alguno, pero ¿es bueno tener tarjeta de crédito? ¿Qué tan conveniente es ir por la vida sin una?

Sin embargo, las tarjetas de crédito también son una de las formas más sencillas para obtener bienes y servicios de forma instantánea y en caso que nos falte el efectivo que existen, además de proporcionar beneficios únicos que no encontrarás en otro tipo o formas de pago (como el débito o el efectivo).

Debido a la demanda de las tarjetas de crédito en el mundo, se incrementó los beneficios que estas brindan a las personas. Muchos de estos nos permiten vivir experiencias más placenteras y ahorrar dinero, además de ser un método de pago más seguro, que llevar efectivo.

Como cualquier crédito, las tarjetas tienen sus ventajas y desventajas y, en gran medida, su conveniencia depende de las necesidades particulares y el estilo de vida de cada persona, por todo lo antes expresado paso a señalarte algunas de las principales ventajas y del mismo modo desventajas que puedas tener por el uso de tarjetas de crédito.

Ventajas:

- Ya no tendrás en tu billetera cantidades enormes de efectivo, ni correrás el riesgo de perder tus ahorros en ese producto que tanto querías comprar.

- Cuentas con una amplia capacidad de servicios que puedes cubrir con el sistema crediticio. Para hacer reservaciones de hotel o rentar un vehículo es casi indispensable contar con una tarjeta de crédito, ya que actúa como una garantía. De nuevo, la tarjeta no es necesariamente una forma de financiamiento, sino un pase de acceso a servicios tan sencillos como los que mencionamos.

- Liquidez inmediata siempre que lo necesites. Si usas responsablemente el crédito, una tarjeta te garantiza tener dinero disponible en el momento en que lo necesitas.

- Puedes diferir el valor de la compras mensuales con o sin intereses, de esta manera podrás planificar tus gastos según tus ingresos y así decidir qué pagos realizar con tus ingresos y cuáles serán pagado con el crédito bancario de tu tarjeta.

- Cuentas con la posibilidad de extender tarjetas de crédito a tus familiares o socios para un mayor control de los gastos.

- Puedes acceder al avance de efectivo en momentos de apuros. Lamentablemente no todos los préstamos que hay en el mercado son tan rápidos, a veces tienes que esperar días para que te resuelvan y, en caso de una emergencia, eso no es una opción.

- Seguridad ante robo. Si te roban tu cartera o se te pierde no hay manera de recuperar el efectivo que llevabas en ella, sin embargo, basta con un llamada para cancelar tus tarjetas para evitar que alguien más se gaste tu dinero. Además, los bancos ofrecen un seguro contra fraude que te respalda en caso de que tu tarjeta sea usada sin tu autorización. Este también es un beneficio que puedes obtener al usar tarjetas de débito en lugar de efectivo.

- Se puede optar a las compras en líneas de forma instantánea. El internet nos ha abierto las puertas a prácticamente cualquier tipo de comercio con tan sólo unos clics. Aunque actualmente son cada vez más las tiendas en línea que te permiten hacer tus pagos en tiendas de conveniencia o depósito bancario, es mucho más rápido y cómodo comprar y pagar desde la comodidad de tu casa, desde el súper a domicilio hasta los zapatos que te encantaron al otro lado del mundo. Además, también puedes hacer el pago de tus servicios (agua, electricidad, teléfono, internet, etc.) a través de internet, o bien, domiciliarlos para que se carguen automáticamente a tu tarjeta. Así, en lugar de preocuparte por la fecha y el monto de pago de cada servicio sólo te ocupas del pago de tu tarjeta.

- Acceso a promociones exclusivas, seguramente te ha tocado ver promociones que son válidas únicamente con tarjeta de crédito. El uso de una tarjeta no siempre va de la mano con la falta de liquidez. Aún si cuentas con el dinero para hacer un pago de contado puedes utilizar una tarjeta de crédito para obtener descuentos u otras promociones; ni siquiera tienes que endeudarte, una vez que hayas hecho válida la promoción puedes pagar inmediatamente tu tarjeta de crédito con el dinero que ya tienes si es que eso te preocupa. Programas de recompensas: puntos y millas, al hacer prácticamente cualquier pago con tu tarjeta de crédito acumulas puntos que, dependiendo de las promociones de tu banco, puedes usar para comprar productos, vuelos, viajes, obtener descuentos o hacer pago en algunos establecimientos, una ventaja que ninguna otra forma de pago te ofrece. Si, simplemente cambias tu forma de pago del débito o el efectivo al crédito (sin siquiera gastar más de lo necesario) ya estarás obteniendo beneficios.

- Crear historial crediticio, prevé necesidades a futuro. Tal vez en este momento no necesitas de una tarjeta de crédito para financiar tus compras o no te interesan los beneficios inmediatos como todos los que ya mencionamos, pero el buen manejo a largo plazo de tu tarjeta de crédito te permitirá crear historial crediticio, el cual es en muchos casos indispensable para que puedas obtener grandes créditos como los hipotecarios, automotrices o de negocio. Aunque en el día de hoy no se encuentren dentro de tus planes, quizá el día de mañana sí los necesites.

- Obtener acceso a compras grandes en pagos diferidos sin que afecte tus gastos mensuales ¿Qué pasa cuando de pronto necesitas un nuevo refrigerador o una computadora? Hay miles de opciones de productos usados a bajo costo pero ¿y si quieres uno nuevo? Si no tienes ahorros es probable que tengas que utilizar el crédito que te ofrece la tienda, eso de pagos semanales chiquititos que tardas años en liquidar y con altas tasas de interés. Si cuentas con una tarjeta de crédito, es muy probable que encuentres promociones de pagos a meses sin intereses de forma que ni tienes que hacer un gran desembolso que no tenías planeado, ni tienes que pagar intereses por tu financiamiento.

Desventajas:

- Se compra más por impulso. Es tentado a comprar con dinero inexistente en su cuenta bancaria.
- Se pagan intereses de más, dependiendo el número de cuotas al que se difiere una compra.
- Tasas de interés altas o muchos países sin plazo fijo.
- Cobro de cuota por el manejo del plástico.
- Si su historial de crédito se empobrece, por mora, su calidad de vida se verá afectada al

no poder acceder a futuros planes crediticios, impidiendo a su vez la meta de obtener una hipoteca, un préstamo para un auto, incluso cobertura médica.

Por supuesto todo los puntos antes señalados van a depender del buen uso o mal uso que le des a tu tarjeta de crédito y por supuesto el simple hecho de tener una tarjeta de crédito implica que debes contar con ingresos fijos mensuales o algún ingreso que le sirva como soporte para poder contar con recursos financieros que permitan cubrir los compromisos adquiridos.

Como puedes, ver una tarjeta de crédito tiene grandes beneficios, ya sea que la utilices de forma regular para tus gastos cotidianos o que sea un respaldo en caso de emergencias. Además es importante considerar que si te piden historial crediticio y aún no cuentas con él, recuerda que el uso de la tarjeta de crédito te puede ayudar a construirlo.

Si después de leer esto decides probar sus beneficios para comprobar si es bueno tener tarjeta de crédito recuerda que la clave, además de ser responsable con tus pagos, está en comparar diferentes tarjetas de diferentes bancos, sus costos y sus beneficios para elegir la que más te convengan.

Capítulo 7: ¿Cómo superar las deudas en tu tarjetas de crédito?

Ahora bien, si ya tienes tu tarjetas de crédito y has incurrido en gastos mayores que tus ingresos, por supuesto que los pagos de las cuotas mensuales serán difíciles de cubrir sin afectar el presupuesto necesario para el mantenimiento de tus gastos básicos como de los gastos variables los cuales son de vital necesidad para tu subsistencia. Es en este punto que requerirás del diseño de un plan para salir de las deudas que te aquejan, de manera que no afecte tus requerimientos y puedas recuperar tu historial crediticio.

En tal sentido, puedes tomar en cuenta las siguientes sugerencias si quieres salir de las deudas de tus tarjetas de crédito:

1. Definitivamente debes suspender el uso de las tarjetas de crédito, principalmente de aquellas que te exigen mayor pago de intereses. No dudes en emplear una tijera para cortarlas por medidas de seguridad y de

libertad es mejor no tener lo que no se va a usar.

2. Por supuesto no debes dejar de pagar la cuota mensual de tus tarjetas de crédito y si es necesario para alcanzar tal fin acude a las agencias financiera y bancarias para solicitar la renegociación de la deuda pudiéndose acordar pagos mensuales que permitan amortizar la deuda.
3. De tener extensiones de tu tarjeta de crédito debes eliminar el uso temporal o definitivo de esas tarjetas de créditos a tus familiares o socios, todos saldrán beneficiados sobre todo tu historial crediticio.
4. Debes dar prioridad a tus gastos y si es necesario para tu trabajo tan solo permite tener las tarjetas de crédito que te rindan mayores beneficios y puedas obtener ofertas en casos de tener que viajar por cuestiones exclusivamente de trabajo.
5. Al no poder financiar los pagos de tus tarjetas de forma puntual y tus ingresos no lo permitan, opta por realizar trabajos alternativos que te permitan obtener nuevos ingresos. No cometas el error de incurrir en nuevas deudas para pagar la que ya tienes.
6. Los gastos suntuosos y de ocio o recreación que usualmente sumabas al crédito de tus tarjetas deberás suspenderlos por el tiempo

que dure la recuperación crediticia o el pago de las deudas por morosidad.

7. Al momento de emprender de nuevo el uso de las tarjetas de crédito investiga e infórmate apropiadamente de la tasa de interés, los impuestos que requieren y emplea aquellas que realmente sean de tu utilidad, en este punto siempre menos es más.

El compromiso que adquieres con tu historial crediticio es solamente tuyo y de tu responsabilidad por tanto no pienses que habrá soluciones mágicas que te saquen de los excesos cometidos.

Recomendaciones finales:

- Recuerda la recuperación de tu historial crediticio va a depender del grado de compromiso que tengas, controlando tus finanzas. Debes programar tus gastos realizando un presupuesto donde puedas, según tus ingreso, distribuir los pagos de tus gastos.
- Debes asumir arreglar tu crédito tú mismo, si delegas esta función no cambiarás tus hábitos de consumo y por ende seguirás con gastos sin control que ponen en riesgo y evitan que recuperes tu historial crediticio. Y

sobre todo no le pagues a una agencia de reparación de crédito para hacer el trabajo que solo es de tu responsabilidad, además de que estas agencias suelen emplear tácticas ilegales o poco confiables. Quizás puedas terminar teniendo más problemas que beneficios.

- Debes estar atento con las fechas de vencimientos de tus pagos, toma en cuenta que aunque pagues tus deudas en su totalidad todos los meses, en tu estado de cuenta de todas formas podría figurar que debes una determinada cantidad. Así que, presta atención a los plazos que se han fijado y en los que debes realizar los pagos y hazlo antes de que se te envíe el estado de cuenta.
- Limita el uso y apertura de cuentas en comercios ya que esto afecta negativamente a tu calificación crediticia a corto, mediano y largo plazo. Emplea sólo las tarjetas de créditos obtenidas en agencias financieras y bancarias de amplia credibilidad. Además, toma en cuenta el no usar más de un tercio de tu línea de crédito a menos que tengas la seguridad de poder pagarlo en su totalidad ese mismo mes. No dejes deudas para los próximos meses, pensando que podrás pagarlo con un ingreso que no es fijo.
- Muchas empresas fingen ofrecer informes crediticios gratuitos, pero cobran por sus

servicios de monitoreo. Estas empresas te incitan a inscribirte para recibir un informe gratuito, te piden tu tarjeta de crédito y automáticamente te cambian a un servicio pago después de un periodo de prueba. Por tanto, si no cancelas tu suscripción dentro de este periodo, te cobrarán todos los meses por sus servicios.

- Toma en cuenta que debes conocer el sistema de calificación que manejan las agencias bancarias de tu país. si necesitas datos concretos sobre las agencias de información crediticia locales u otros aspectos de las calificaciones crediticias en el lugar en donde vivas, consulta con las agencias relevantes de tu país.
- La realidad financiera va a ser cambiante en cada país y por supuesto las condiciones económica en algunos países a veces puede resultar desfavorable sobre todo para los empresarios de la micro y pequeña empresa, ya que al no poder acceder a créditos bancarios, se ven obligados a recurrir a los prestamistas informales, debilitando su capacidad financiera y económica, debido a que las tasas de interés que cobran tienden a subir constantemente, muchas veces superando las tasas de rentabilidad que generan sus negocios, y en vez de ayudar a crecer, muchas veces terminaban

descapitalizándolos. Ante esto es preferible acudir a personas confiables o entes del estado en busca de apoyo crediticio o refinanciamientos.

www.ingramcontent.com/pod-product-compliance
Lightning Source LLC
LaVergne TN
LVHW011714230826
846091LV00015BA/4157

* 9 7 8 1 6 4 7 7 7 0 2 6 6 *